Fasters Korthus 2

Din nye bog om,

at være kreativ og lave Decoupage

af

Dorte Susanne Jessie Sørensen

Forlag: Books on Demand – Hellerup, Danmark
Fremstilling: Books on Demand – Norderstedt, Tyskland
Bogen er fremstillet efter on-Demand-proces

ISBN 978-87-4303-181-9

Forord

Der er noget helt specielt ved, at arbejde i papir. Decoupage er en ældgammel teknik, hvor man bruger riv eller klip og flere lag lim og lak.

Jeg har arbejdet med decoupage i rigtigt mange år og viser i denne bog, fotos til din inspiration, enkelte anvisninger og fremgangsmåder.

I bogen er der et bredt udvalg af collager og jeg fortæller lidt om de materialer jeg bruger i både tekst og billeder.

Prøv engang, at lave dine egne bogmærker f.eks...

Du kan bruge alt fra aviser, servietter, glansbilleder, gamle bøger, sider fra kataloger eller ugeblade, kun fantasien sætter dine grænser.

Denne bog er til dig, der ønsker lidt inspiration, ingen lange og indviklede brugsanvisninger.

Jeg har en blog på nettet, til din inspiration.

Fasters korthus

Aunties house of cards

http://fasterskorthus.blogspot.com/

http://fasterskorthus.blogspot.com/

Jeg ønsker dig rigtig god kreativ lyst - held og lykke med dine næste decoupage kreationer

Jeg bruger ofte postkort. Her har jeg dekoreret med fugle og tekster. Personlig gjort dem. På bagsiden sætter jeg et stykke neutralt karton og tegner op til adressen og teksten man skriver. Nu kan det sendes igen. Du kan naturligvis klippe dine egne postkort i den korrekte størrelse og udgå fra dem. Postkort er hyggelige små projekter som er nemme at overskue.

Inspiration

Her har jeg lidt påsat træhuse, det giver en 3D effekt, men de kan udmærket klippes i tyk karton i stedet for. Husene er farvelagt i en slags vindblæst uorden med akryl maling. Under dem har vi havet, i riv papir. Papiret er først malet med vandfarve i forskellige blå og lilla nuancer, efter tørring er det revet i stumper og påsat som vand. Effekten kommer rigtig til sin ret med fiskene i vandet der ser ud til at kæmpe i bølgerne. Lidt krakelerings effekt i hvidt, giver udtryk af havskum. Havskum kan evt. Laves med en posca tusch i stedet for.

Decoupage er mange ting. Det er f.eks. nogle fugle klippet ud og sat oven på almindeligt designpapir. Efterfølgende har jeg tegnet noder og stemplet lidt grene.

Har du ikke nogle stempler kan du tegne dine grene løseligt med tussen, det er ikke så svært og kræver ikke megen øvelse.

I collage, giver det en rigtig god effekt at mixe tekster med store og små bogstaver. Sæt teksterne lodret og vandret. Her har jeg jeg brugt et center motiv som blikfang, men man kan ikke lade være med, at skele til teksten! Lidt krakelerings paste er påført bagefter for 3D effekt.

Denne store collage med ørneøje, er startet op med watercolor. Jeg har derefter påført det blæk i klatter som er blevet pustet til at sprede sig. Metode: anvend et sugerør. Dette er en god og nem teknik som giver dig mange muligheder. F.eks. kan du puste træer og lave skønne effekter på den måde. På collagen er der yderligere brugt sort tusch til de tynde streger, en hvilken som helst sort pen er brugbar, brug evt. En posca tusch eller en almindelig sort findelinger.

Jeg bruger ofte aviser til mine tekster og udrivninger. Avis "smelter" rigtig fint sammen med mange andre papirtyper. Under her har jeg også brugt tapet, det gav et fint "stoflig" udtryk til mit collage COTTON – som betyder bomuld. For at markerer mit udtryk yderligere har jeg tilført collagen lidt uldgarn.

Inspiration

Collage med udklip fra blade, aviser og bøger

Print eller tegn et æble, klip eller riv papir og læg dem på æblet, det behøver ikke at følge linjerne da du bagefter klipper æblet rent (klip rent fra bagsiden, hvor du kan ane linjerne) fortsæt til æblet er dekoreret færdigt. Forsøg at lægge lyse og mørke papir stykker på i den retning du ønsker, at æblet skal fremstå med kontraster.

Inspiration

Her har jeg selv været på foto safari. Murstens udtrykket er et skønt motiv at bruge. Jeg har taget disse foto på slottet Kronborg i Helsingør. Bagpå er et mursten motiv i sort hvid. Oven på det hele har jeg påsat udklippet gamle krukker, en fugl, m.m.

En antik kommode, fugl og i baggrunden et gammelt maleri.

Her har jeg malet med brun vandfarve. Delt kortet i to i en bue.

(en dies er brugt til dette, buen kan dog klippes i hånden)

Påsat det igen med afstand så man kan se bunden.

Tilført tekst og lidt regndråber, Glossy Accent.

(sidstnævnte kan købes i hobbyforretninger på nettet)

Inspiration

Collage med elefanter på et lærred..

Collage med kat i måne...

Hvordan gør man?

- Her er en kat, klar og klippet ud i karton.

Nu skal den påklistres små stykker papir i "katte" nuancer, du behøver ikke følge kanterne når du klister på, du klipper den ren bagefter. Så sværter du evt. kanterne med sort stempelfarve eller en sort tusch. Dette give en flot effekt.

Klip skabeloner ud af katte eller andre dyr – Månen er klippet efter optegning, brug evt. en tallerken.

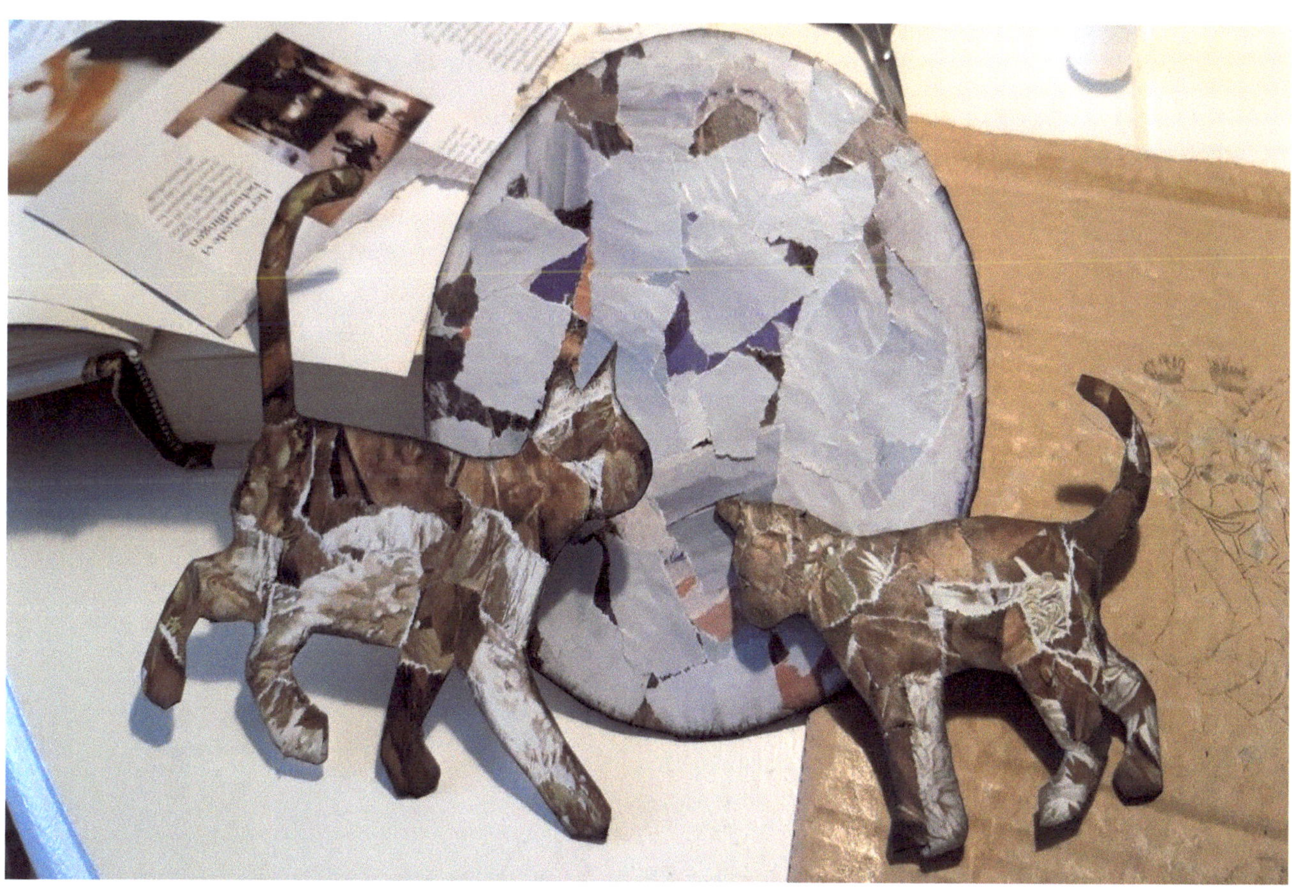

Katten i månen.

Riv små bidder papir og vælg farverne ud fra hvor du vil sætte dem Eksempelvis orange stykker rund om månen (en Halo) for at lave en ekstra glød.

En Halo er en ring af lys omkring et objekt.

På denne collage, har jeg valgt en fotokopi af en kat i hel figur og kun lavet baggrundskatten i collage, dette giver en fin og rolig effekt til billedet.

Inspiration.

Inspiration.

Du kan lave decoupage på mange ting. Her har jeg decouperet en skammel mad et dyre tema og en stol med blomster tema.